Illisibilité partielle

Contraste insuffisant

NF Z 43-120-14

Valable pour tout ou partie
du document reproduit

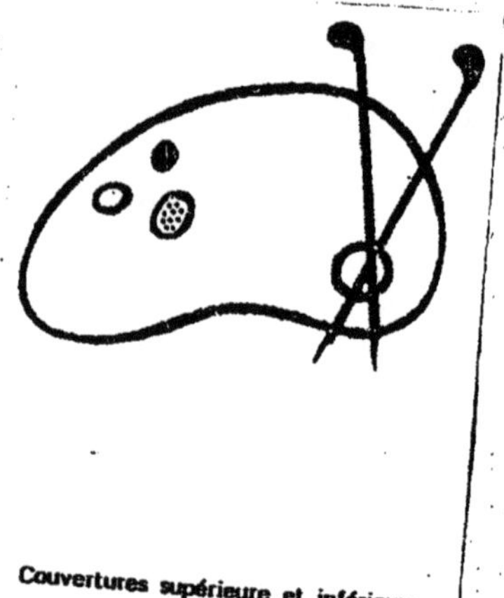

Couvertures supérieure et inférieure en couleur

DEUX LETTRES INÉDITES

DE

LA PRINCESSE PALATINE

MÈRE DU RÉGENT

PAR

ARMAND GASTÉ

MEMBRE TITULAIRE DE L'ACADÉMIE NATIONALE DES SCIENCES, ARTS ET BELLES-LETTRES, MAITRE DE CONFÉRENCES A LA FACULTÉ DES LETTRES DE CAEN

CAEN

TYPOGRAPHIE DE F. LE BLANC-HARDEL

RUE FROIDE, 2 ET 4

1879

2

DEUX LETTRES INÉDITES

DE

LA PRINCESSE PALATINE

MÈRE DU RÉGENT

PAR

ARMAND GASTÉ

MEMBRE TITULAIRE DE L'ACADÉMIE NATIONALE DES SCIENCES, ARTS ET BELLES-LETTRES, MAITRE DE CONFÉRENCES A LA FACULTÉ DES LETTRES DE CAEN

CAEN

TYPOGRAPHIE DE F. LE BLANC-HARDEL

RUE FROIDE, 2 ET 4

—

1879

Extrait des Mémoires de l'Académie Nationale des Sciences, Arts et Belles-Lettres de Caen.

DEUX LETTRES INÉDITES

DE

LA PRINCESSE PALATINE

MÈRE DU RÉGENT (1).

I.

La Bibliothèque de Vire possède un précieux carton, qui lui a été gracieusement offert par M. le vicomte de Saint-Pierre, ancien député de l'arrondissement de Vire, et aujourd'hui (1878) sénateur du Calvados.

Ce carton contient une soixantaine de lettres adressées à Daniel Huet, évêque d'Avranches, et signées des noms les plus illustres du XVIIe siècle (2). Toutes ces lettres, cependant, n'offrent pas le même intérêt. Quelques-unes, par exemple, bien que signées de Louis XIV, ne sont que des lettres-circulaires aux évêques de France, pour les prier de faire chanter un *Te Deum* à l'occasion d'une victoire. D'autres, signées Louis, — c'est-à-dire Louis, dauphin, — ne sont que de simples billets envoyés à

(1) Mémoire lu à la Sorbonne (avril 1878) au Congrès des Sociétés savantes.

(2) Ces lettres ont été mises à ma disposition avec la plus parfaite obligeance par M. G.-A. Fédérique, conservateur de la Bibliothèque de Vire.

Huet par son ancien élève, pour l'informer de la mort de sa mère, Marie-Thérèse d'Autriche, ou de quelque autre événement heureux ou malheureux survenu dans la famille royale.

Les lettres signées Colbert, Chamillart, Châteauneuf ou Pontchartrain méritent une attention particulière, celles surtout qui règlent la conduite à tenir par les évêques à l'égard des Protestants et des Nouvelles-Catholiques.

Je ne veux m'occuper ici que de deux lettres — inédites — écrites tout entières en français (chose assez rare) de la main de Madame, duchesse d'Orléans, née princesse Palatine, et mère du Régent.

On sait avec quelle vigueur de pinceau Saint-Simon a fait le portrait de cette princesse; nous n'en reproduirons que quelques traits : « Elle tenoit beaucoup plus de l'homme que de la femme; elle étoit forte, courageuse, allemande au dernier point, franche, droite, bonne, bienfaisante...., sauvage, toujours enfermée à écrire, dure, rude, se prenant aisément d'aversion, nulle complaisance, nul tour dans l'esprit, quoiqu'elle ne manquât pas d'esprit; la figure et le rustre d'un suisse; capable avec cela d'une amitié tendre et inviolable (1). »

D'un autre côté, M. Sainte-Beuve (2) « a fait ressortir avec autant de justesse que d'habileté tout ce que présente de curieux et de piquant la correspondance de Madame, cette princesse allemande, qu'un mariage dicté par la politique plaça au milieu

(1) Saint-Simon, t. XXXVIII, p. 115, éd. de Paris, 1842-48.
(2) *Causeries du lundi*, t. IX, p. 41 et suiv.

de la cour la plus brillante qu'ait jamais eue la France (1). »

Les deux lettres que nous publions ici pour la première fois n'ajouteront rien, sans doute, à l'impression étrange que fait éprouver la lecture des deux volumes publiés par M. G. Brunet. Toutefois, elles portent si bien, — à notre avis du moins, — le cachet de cette princesse originale, que ce serait vraiment dommage de ne les pas mettre en lumière.

La première, en date, a été écrite de Marly à l'évêque d'Avranches, le 4 octobre 1708.

Pour la bien comprendre, il est bon de savoir qu'après la mort de son mari, Philippe d'Orléans, frère de Louis XIV, la princesse Palatine, obligée de se séparer de ses filles d'honneur, dont elle aimait la jeunesse et la gaîté, « se donna, dit M. Sainte-Beuve, un dédommagement selon son cœur, en prenant près d'elle, et en s'attachant, sans titre officiel, deux amies, la maréchale de Clérembault et la comtesse de Beuvron (2), toutes deux veuves, que Monsieur avait éloignées avec aversion de la cour du Palais-Royal, et auxquelles Madame était demeurée fidèle dans l'absence; c'étaient ces *amies de Paris*, à qui elle écrivait continuellement. De-

(1) *Correspondance complète de Madame*, publiée par G. Brunet. — Biblioth. Charpentier, 1869. — *Avertiss.*, p. 11. — Une nouvelle édition, plus complète, de la *Correspondance de Madame*, est publiée par la Société littéraire de Stuttgard. — Voir la *Revue des Deux-Mondes*, n° du 1er janvier 1879, article de M. Ernest Jaeglé.

(2) Voir, à propos du chevalier de Beuvron, capitaine des Gardes de Monsieur, une anecdote très-piquante, dans la lettre du 18 fév. 1716.

venue libre elle-même, elle les voulut près d'elle, et sut jouir presque en simple particulière de cette amitié unie et constante à laquelle elle croyait. »

Nous ne nous occuperons pas ici de Mme de Clérembault; mais pour Mme de Beuvron, la princesse Palatine ne laissait point passer un seul jour sans lui écrire de longues lettres. C'est elle-même qui nous le dit dans la lettre qu'elle écrit à sa sœur Louise, le 25 octobre 1708, c'est-à-dire le lendemain même de la mort de Mme de Beuvron. Cette correspondance infatigable ne doit pas nous étonner : « Madame de Beuvron, dit la princesse, avoit du mérite, de l'intelligence, et m'étoit fidèle, et c'est ce qu'on trouve rarement (1). »

La mort de cette fidèle amie l'affligea beaucoup : « J'ai bien mal à la tête et aux yeux, dit-elle encore, car j'ai perdu hier ma bonne et fidèle amie, la comtesse de Beuvron. »

Maintenant, nous n'avons plus qu'à citer la lettre envoyée à Daniel Huet par la princesse Palatine. Mme de Beuvron était mourante, et probablement elle ne comprenait pas la gravité de son état. Huet ne dut pas craindre d'écrire à la princesse Palatine, dont il connaissait l'amitié pour la comtesse, et la pria — cela ne fait aucun doute — d'avertir Mme de Beuvron de la situation où elle se trouvait, et de la préparer à la mort.

La princesse nous dit quelque part : « Personne n'a envie de s'affliger au point de pleurer (6 septembre 1718). » Ce n'est pas qu'elle eût une âme

(1) T. I, p. 108.

faible ; mais si la première duchesse d'Orléans, Henriette d'Angleterre, *attendoit la gloire sans impatience*, et ne cherchait pas à se l'attirer *avec une ardeur inquiète et précipitée*, la seconde attendait patiemment la douleur et l'ennui, sans les craindre, mais aussi sans courir au devant. C'est ainsi qu'elle se conduisit lorsqu'elle fut priée — inutilement — d'assister à la profession de sa petite-fille, ou d'écrire à son amie mourante.

« Je suis trop franche, dit-elle encore (26 mars 1696), pour écrire autrement que je ne pense. »

La lettre qu'on va lire nous donnera une nouvelle preuve de cette franchise à outrance.

« A Marly, ce jeudy 4 d'octobre 1708.

« Monsr l'Euesque d'auranche, je viens de receuoir vostre lettre, et je vous demande pardon de « ne me point trouuer de vostre aduis, car je ne « trouue point qu'il y ait de la charité a donner une « sentence de mort a son amie. Elle (1), Mad[e] de « beuuron a son confesseur et ces parants mais « pour moy, je ne m'y puis resoudre je souffre « asses dans la triste pensée de la perdre, sans que « j'ay a me reprocher de luy donner le dernier coup « de mort cela seul seroit capable de la tüer et faire « mourir subittement, si vous qui estes de ces amis « craignees de perdre son amitié par luy annoncer « cette cruelle parolle, com̃ent me le pouues vous « proposer, c'est l'affaire du medecin et du con- « fesseur et point du tout la mienne, je ne mets pas

(1) *Elle est biffé.*

« ma deuotion a tüer mes amies, je ne vouderois « pas dire cette cruelle parolle à un Ennemis je ne « luy dires pas ce que vous maues mandes, mais « charges de cette triste comission d'auttres que « moy je n'en suis pas capable, je vous dis sincere- « ment et vous prie de croire que je suis Mons. « l'Euesque de lAuranche vostre bien bonne amie,

« Elisabeth CHARLOTTE.

« A Monsr l'Euesque dAuranches a Paris. »

(Cachet rouge aux armes de Madame, duchesse d'Orléans.)

Nous avons scrupuleusement respecté l'orthographe curieuse et le style allemand de la princesse Palatine. Ce style et cette orthographe ne surprendront pas ceux qui, avertis par l'éditeur de la *Correspondance complète*, savent « que Madame sut toujours mal le français, et que, même dans sa langue maternelle, son orthographe est surannée ou vicieuse, qu'elle n'a nul souci de la ponctuation, qu'elle place souvent des majuscules au milieu d'un mot, et qu'enfin on trouve dans son style nombre d'idiotismes particuliers au Palatinat (1). »

II.

La seconde lettre plus difficile, non pas à déchiffrer, (car l'écriture, bien qu'assez irrégulière, est large

(1) *Avertissement*, p. 9.

et lisible), mais à interpréter, est datée du 20 décembre 1710, et écrite de Versailles.

La voici :

« A Versailles, ce samdy 20 de déc. 1710.

« Monsr l'Euesque d'Auranche, en verite je vous
« estime trop et suis trop longtemps de vos amies
« pour m'enuyer de vos lettres que sont mesme
« toutles ces raisons a part vous escrire trop bien
« pour que vos lettres ne fassent pas plaisir (1)
« quand je veres le pere de Tresnous je le prieres de
« me dire le sermon dont vous luy aves fait part je
« vais non pas au sermon mais a la comedie c'est
« pour quoy je ne puis que vous assurer que je suis

« Monsr l'euesque

« Vostre bien bonne amie

« Elisabeth CHARLOTTE.

« A Monsr l'euesque d'Auranche a Paris. »

(Cachet noir aux armes de Madame, duchesse d'Orléans.

De quoi s'agit-il donc dans cette lettre, et quel est ce sermon, au sujet duquel Huet a cru devoir lui écrire ?

Une lettre, adressée également à l'évêque d'Avranches, lettre découverte par MM. Rathery et Payen,

(1) Traduisez : « Toutes ces raisons, sans compter que vous écrivez trop bien, font que vos lettres ne peuvent manquer de me faire plaisir. »

et communiquée à M. G. Brunet (1), va nous permettre de lever un coin du voile.

Après avoir dit qu'elle renvoie cinq tomes de l'*Astrée* et un *Montaigne*, livres que l'évêque d'Avranches lui avait sans doute prêtés, Madame ajoute: « Il faut que le père de Tresuous vous ait rendu « conte du sermon du Père Poisson, cordellier, mais « je ne l'ay pas ouy prescher qu'à la Toussaint de « depuis mon entorse m'a empeschez d'aller au « sermon, je n'en say les belles citations que par « ouy dire. J'aduoue que de tels propo sont trop « extraordinaire en chaire de prédicateur pour donner « enuie de dormir (17 décembre 1710). »

Le Père de Trévous ne jouant, dans la lettre imprimée et dans la lettre inédite, que le rôle de confident ou d'intermédiaire entre Madame et Daniel Huet, il est inutile de s'en occuper. Mais nous devons chercher à connaître le Père Poisson; car il fallait que ce fût un prédicateur bien « extraordinaire pour ne pas donner à Madame l'envie de dormir au sermon. »

Madame, — on ne l'ignore pas, — avait quatre grandes passions: son fils, qu'elle adorait, tout en lui donnant, à l'occasion, quelque bon soufflet retentissant; les médailles, dont elle sut se faire une si riche collection; la chasse au loup qu'elle suivait assez souvent, et au risque de se casser le cou (2); enfin la comédie « qu'elle ne tarda pas à préférer à la chasse (3), » la comédie dont elle

(1) Voir tome II, p. 382.
(2) Lettre du 24 juin 1697.
(3) Lettre du 3 avril 1699.

disait : « C'est le plus grand amusement que j'aie au monde (1). »

A côté de ces quatre grandes passions il y avait encore place dans le cœur de la princesse Palatine pour deux antipathies invincibles : Madame de Maintenon d'abord..... (On sait comme elle habille dans ses lettres la veuve Scarron !) puis... les sermons. Les sermons ! voilà ce que cette protestante, précipitamment convertie, n'a jamais pu goûter dans le catholicisme. Sa *Correspondance* est pleine de doléances à ce sujet : « On ne m'a jamais grondée pour dormir à l'église, écrit-elle, le 18 juillet 1705, je m'y suis donc si fort habituée que je ne puis m'en défendre : le matin, je n'y dors pas, mais le soir, après dîner, il m'est impossible d'y rester éveillée. » — Six ans plus tard (14 avril 1711), elle dira encore : « Je suis indigne d'entendre de beaux sermons, car je ne puis m'empêcher d'y dormir ; le ton des prédicateurs m'endort de suite. » — Enfin, en 1719 (27 avril), c'est-à-dire trois ans avant sa mort, elle écrit à la comtesse Louise, sa sœur : « Vous dites que vous n'êtes pas fatiguée d'entendre vos prédicateurs ; je dois avouer à ma honte que je ne connais rien de plus ennuyeux qu'un sermon ; nul opium ne m'endormiroit aussi bien, surtout le soir. »

Ces citations, qu'on pourrait multiplier, nous font mieux comprendre les dernières lignes de sa lettre inédite à Daniel Huet : « Je vais, non pas au sermon, mais à la comédie. » De plus, elles nous autorisent, nous engagent même à nous demander quel était

(1) Lettre du 13 octobre 1701. — Voir surtout la lettre du 4 juillet 1698.

donc ce prédicateur, unique en son genre, qui, au rebours de ses confrères, n'eût pas donné envie de dormir à la princesse Palatine ?

« Le Père Pierre Poisson, nous dit le *Nouveau Dictionnaire historique*, publié à Caen par une société de gens de lettres (1), né à Saint-Lo, en Normandie, cordelier, ensuite définiteur général de tout l'Ordre de St-François, puis provincial et premier père de la grande province de France, se distingua par ses talens pour la prédication. Il faisoit surtout admirer sa profonde connoissance de l'Écriture et l'*éclat imposant* de son éloquence. Il prêcha l'Avent à la Cour, en 1710. Nous avons de lui deux Oraisons funèbres de Mgr le Dauphin et du duc de Bouflers (2); l'une imprimée en 1711, l'autre en 1712, et toutes deux remplies de traits frappans. Nous connoissons encore du P. Poisson le *Panégyrique de S. François d'Assise*, 1733, in-4°. Ce discours est composé dans le goût des vieux sermonnaires. *Les auteurs profanes, les Pères de l'Église, les écrivains ecclésiastiques, les poètes, les orateurs, les philosophes, y sont cités tour à tour.* L'auteur, qui aux talens de la chaire allioit une connoissance peu commune du Droit canon, joua pendant quelque temps un rôle dans son Ordre ; mais son despotisme et l'irrégularité de ses mœurs lui firent perdre son autorité. Il fut obligé de quitter Paris, et il mourut en exil à Tanley (3), en 1744. »

Sans nous arrêter aux contradictions que nous rencontrons dans cet article biographique, où, après

(1) 6e édition, 1786.

(2) Le *Moréri des Normands* dit de Madame de Boufiers.

(3) Dans le diocèse de Langres.

avoir vanté l'*éclat imposant* de l'éloquence du P. Poisson, on s'étend assez longuement sur son érudition pédantesque, consultons le manuscrit de la Bibliothèque de Caen, bien connu sous le nom de *Moréri des Normands* (1). L'auteur de ce manuscrit, l'abbé Guiot, de Rouen, a eu l'heureuse idée de joindre à l'article biographique qu'il a consacré au P. Poisson, le portrait du prédicateur bas-normand. Le graveur anonyme nous l'a représenté à l'âge de 27 ans. Le P. Poisson a la plus agréable figure du monde : front superbe, sourcils bien arqués, les yeux d'une douceur charmante, la bouche finement dessinée et sensuelle au possible, la main d'une rare élégance, bref, n'était l'habit de cordelier, un joli mousquetaire.

Au bas du portrait, on lit ce quatrain :

Tu vois cet orateur chrétien :
En lui le zèle seul anime l'éloquence,
Et, lorsqu'il nous appelle à l'humble pénitence,
Il porte dans nos cœurs les mouvements du sien.

Jusqu'ici, à part la réserve à faire sur l'abus des citations sacrées et profanes, nous n'avons vu que le beau côté de la médaille.

Il nous reste à voir le revers : aussi bien nous serait-il impossible, sans cela, de comprendre la première lettre de la duchesse d'Orléans à l'évêque d'Avranches : « J'aduoue que de tels propo sont trop extra-

(1) Je dois cette utile indication à M. Julien Travers, conservateur de la Bibliothèque de Caen.

ordinaire en chaire de prédicateur pour donner enuie de dormir. »

Le Père Poisson a dû, selon l'habitude bien connue des cordeliers et des capucins, se livrer, dans l'*Avent* qu'il prêcha à la Cour, en 1710, à quelque fantaisie de haut goût et de nature à réveiller les plus endormis.

Le *Moréri des Normands* nous met — à ce sujet — sur une piste qu'il ne faut pas négliger de suivre.

« Il est désigné, nous dit l'abbé Guiot, sous le nom de Pancracio, dans l'*Histoire de don Ranucio d'Aletès*. Et si le portrait est ressemblant, ajoute-t-il, l'original ne devait pas être un modèle de vertu, ni de religion, malgré ses grands talens. »

On sait que le roman de *Don Ranucio d'Aletès* est l'œuvre de Gabriel Porée, curé de Louvigny, frère du célèbre jésuite Charles Porée, auteur de la *Mandarinade*, et, ce qui doit nous toucher particulièrement, membre infatigable pendant près de trente ans, et secrétaire, de 1754 à 1759, de l'Académie de Caen.

Dans ce roman satirique bien connu, et dont les bibliographes se sont souvent occupés (1), Gabriel Porée traite assez rudement le Père Pancracio. Voici d'abord son portrait : « Il s'en falloit bien que ce fût

(1) Voir à ce sujet : *Biographie de Ch.-Gab. Porée*, par M. Julien Travers. Caen, Hardel, 1852 ; — *Notice biographique et littéraire sur les deux Porée*, par M. Alleaume (ouvrage couronné par l'Acad. des Sciences, Arts et Belles-Lettres de Caen, en 1853). Caen, Hardel, 1854. — Éd. Frère : *Manuel du Bibliographe Normand* ; Barbier : *Dict. des Anonymes etc.* ; — *Bulletin du Bibliophile*, 1856, p. 801 ; 1865, p. 340 et 1869, p. 101.

un génie. C'étoit, au contraire, un esprit, si j'ose le dire, des plus épais et des plus matériels; mais en revanche un des plus beaux hommes qu'on pût voir. »

Si Pancracio, — ou le Père Poisson, selon l'abbé Guiot, — n'est pas flatté au moral, au physique, du moins, nous l'avons vu, il doit être ressemblant.

Tout le monde connait le joli crayon que Marot nous a laissé de son valet :

Gourmant, yvrongne et asseuré menteur,
Pipeur, larron, jureur, blasphémateur,
Sentant la hart de cent pas à la ronde,
Au demeurant le meilleur fils du monde.

Telles sont, à peu près, les épithètes que, dans tout le cours de son roman, Gabriel Porée donne au P. Pancracio.

Le curé de Louvigny ne pouvait se dispenser de nous fournir quelques exemples du genre de prédication de son héros.

Il nous en donne trois, plus burlesques l'un que l'autre. Sans doute l'auteur n'attribue pas les trois sermons dont il rend compte au P. Pancracio; mais le P. Pancracio étant à la tête des prédicateurs qui font une mission dans un village, on peut admettre, sans invraisemblance, que ce cordelier goûtait fort cette façon de prêcher, et l'employait au besoin.

Il serait fastidieux d'entrer dans le détail de ces sermons; disons rapidement que dans le premier l'auteur nous représente un moine se tenant en équilibre sur une corde roide (1) ; dans un autre, nous voyons l'orateur, du haut d'une charrette transformée en chaire, épouvanter les chevaux par ses affreux jurons (2) ; enfin, après un troisième sermon « sur l'impureté » les missionnaires lâchent dans l'église un bouc enduit de poix et de bitume, après avoir mis le feu à un artifice attaché à la queue du pauvre animal (3).

On dit que Fléchier, pour tourner en ridicule les mauvais prédicateurs de son diocèse, s'amusa à composer le fameux sermon burlesque mis sous le nom du R. P. Esprit de Tinchebray (4).

Il est probable que Gabriel Porée a voulu, lui aussi, pousser jusqu'à la charge, afin de mieux s'en moquer, le mode de prédication employé pour les Cordeliers.

Sans aller jusqu'à dire que le Père Poisson prêcha à la Cour comme Pancracio et ses collègues prêchaient dans les missions de campagne, on peut admettre qu'il dut plus d'une fois, à l'exemple du petit Père André, avoir la malencontreuse idée de transformer la chaire chrétienne en tréteaux de Tabarin.

La lettre de la duchesse d'Orléans à Daniel Huet n'offre donc plus d'obscurité. L'évêque d'Avranches s'est égayé avec Madame « des propos extraordinaires » tenus par le Père Poisson pendant l'*Avent*

(1) *Don Ran. d'Al.*, t. II, p. 4 et suiv.
(2) *Ibid.*, t. II, p. 52.
(3) *Ibid.*, t. II, p. 140 et suiv.
(4) *Esprit des Journaux*, pour mars 1776, p. 149. — Cette facétie vient d'être rééditée par A. Chassant. Paris, Ollendorf, 1878.

de 1710, et Madame, en répondant à Daniel Huet, avoue ingénuement que, malgré son antipathie bien prononcée pour les sermons, elle n'aurait pas eu envie de dormir à ceux du P. Poisson.

Tout le monde sera de son avis.

Caen, Typ. F. Le Blanc-Hardel.

www.ingramcontent.com/pod-product-compliance
Ingram Content Group UK Ltd.
Pitfield, Milton Keynes, MK11 3LW, UK
UKHW012312240726
13966UKWH00005B/1826